팔만대장경

4

누구나 다 알지만
잘 안읽은 이야기

4

누구나 다 알지만
잘 안읽은 이야기

팔만대장경

말씀한 이: 부처님
엮은이: 신현득
그림그린이: 송교성

솔바람

차례

책머리에

팔만대장경은 이야기의 산이지요

국보 32호 팔만대장경은, 나라의 보물입니다. 유네스코에서 세계 기록유산으로 지정한 세계의 보물이기도 합니다.

해인사 대장경은 고려 고종 임금 때 몽고가 침입하자, 부처님 힘을 빌어 나라를 지키기 위해서 1237년부터 16년 동안에 이룩한 것입니다. 호국정신에서 이룬 국가사업이었습니다.

그것은 우리 조상님들이 부처님 말씀 모두를 한 자씩 나무에 새겨서 만든, 8만 1천 258매의 경판입니다.

우리 조상님들은 이 한 자, 한 자를 새기면서 외적이 물러나서 나라에 평화가 오기를, 국민 모두 잘 살게 되기를, 후손이 잘되기를 빌었다 합니다. 팔만대장경은 우리 조상님들이 쌓은 정성더미입니다.

여기에 새겨진 부처님의 가르침은 아주 알기 쉬운 것입니다. 지키기도 쉬운 것이지요. 그 말씀을 다음 몇 마디로 간추릴 수 있습니다.

> ㅡ착한 일을 하라. 착한 일을 하면 복이 온다. 나쁜 일을 하지 말라. 나쁜 일을 하면 화를 만난다.

이 가르침은, 착한 일을 한 만큼 복이 오니 착한 일을 많이 하라는 가르침입니다. 이것은 하나의 과학이지요. 나쁜 일을 한 사람에게 복이 오는 일은 절대 없으니까요. 부처님의 말씀 전체가 '복 짓는 방법 배우기'입니다.

인류의 스승이신 부처님은, 지구촌 모두가 그 가르침을 실천해서 복받기를 바라셨습니다. 그래서 더 쉽게 부처님 공부를 할 수 있도록, 재미있는 이야기를 곁들이셨어요. 이것이 '불교 설화', '불교 동화'입니다.

부처님이 들려주신 이야기는 많고 많아서 몇 편이 되는지는 아직까지 밝혀내지 못하고 있습니다. 간단히 '이야기의 산'이라 하면 될 것입니다. 팔만대장경은 복 짓는 이야기의 산입니다.

그래서 지구촌 사람들은 부처님을 세계 최초의 이야기 할아버지로 부르게 되었고, 부처님 말씀인 팔만대장경이 세계 아동문학의 보배 창고인 걸 알게 되었습니다.

부처님은 "나는 수많은 전세상에서 복을 지어 부처가 되었다." 하고, 전생 이야기를 많이 하셨는데 이를 '본생담'이라 합니다.

부처님은 전생에, 착한 코끼리의 왕, 착한 원숭이의 왕, 착한 사슴의 왕, 착한 토끼의 왕, 착한 공작새의 왕, 착한 물고기의 왕으로 있으면서 착한 일로 공덕을 쌓아 부처님이 되셨습니다.

본생담 547개 이야기를 하나로 엮은 '본생경'이 이루어진 것은, 서력 기원전 4세기였습니다. '세계 아동문학사'에서 본생경을 세계 최초의 동화집으로 기록하고 있습니다. 이 이야기를 모두 부처님이 하셨으니 부처님은 세계 최초의 동화작가셨습니다.

부처님이 들려주신 이야기 산의 일부인 본생경을 '자타카'라고도 하는데, 자타카가 유럽에 전해져서 이솝이야기의 일부가 되었다는 것은 퍽이나 흥미 있는 사실입니다. 몇 가지 이야기만 찾아볼까요?

대머리에 붙은 파리를 잡기 위해 몽둥이로 사람을 다치게 한 본생경 44번째 「모기의 전생이야기」가 이솝이야기의 「대머리 남자와 파리」가 되었습니다.

본생경 189번째 「사자 가죽을 쓴 나귀」가, 같은 제목의 이솝이야기 「사자 가죽을 쓴 나귀」가 되었지요. 사람들이 사자 가죽을 쓴 나귀를 사자로 알고 있었는데, 그 나귀가 나귀 울음소리를 냈다가 본색이 드러난 이야기입니다.

암코양이가 나뭇가지에 앉은 닭을 속여서 잡아먹으려다 실패하는, 본생경 383번째 「닭의 전생이야기」는 이솝이야기 「여우와 닭」이 되었답니다.

이처럼 팔만대장경은 이야기의 산이요, 인류의 보물입니다.

이 책 『누구나 다 알지만 잘 안읽은 이야기 팔만대장경』은 엮은이가

2011년 1월부터 2012년 12월까지 법보신문에 연재한『신현득 할아버지의, 부처님이 들려주신 이야기란다』에서 주로 뽑은 것입니다.

독자들은 우리 조상들이 호국정신에서 이룩한 이 팔만대장경에서 부처님이 들려주신 복 짓는 여러 지혜를 배우게 될 것입니다.

어른들은 어린이에게, 어린이들은 어른에게 서로 읽어주며 이야기 나누는 책이 되길 바랍니다.

1

귀를 즐겁게 한 것일 뿐

등불은 천한 사람이나 들어

궤변을 늘어놓는 바라문이 있었습니다. 거짓을 끌어내어 진실이라 주장하면서 돌아다녔습니다.

어리석은 사람들이 그를 따랐습니다. 바라문은 성 안으로 들어갔습니다.

"세상이 어두워. 당최 아무것도 보이지 않아." 하고 대낮에 등불을 들고 돌아다녔습니다.

한 사람의 지식인이 그에게 말했습니다.

"대개 바른 지식인은 차마 남이 알까 두려워 고개를 숙이고 다닌다. 세상을 비웃기 위해 대낮에 등불을 드는 자는 누구인가? 상전 앞에서 등불을 드는 자는 길을 이끄는 종놈이다. 장군의 말 앞에서 등불을 드는 자는 졸병이다. 상여 앞에 등불을 든 자는 상여꾼이다. 대낮에 길거리에서 등불을 든 자는 궤변론자다.

바라문은 이 말에 대답을 하지 못하고 달아났습니다.

(구잡비유경 28번째 이야기)

자기가 떨어질 것은 모르고

가뭄에 못물이 마르자 자라는 숨을 곳도 먹을 것도 없었습니다. 자라는 큰고니에게 구원을 요청했습니다. 큰고니는 물이 있는 먼 호수까지 자라를 데려다 주기로 했습니다.

그는, 자라를 물고 먼길을 날아, 어느 도시 위를 지나게 되었습니다.

"어디로 가기에 이렇게 쉬지 않고 가지?"

자라는 큰고니에게 물었습니다.

"먼 호수까지."

그 순간이었습니다. 대답을 하던 큰고니의 입이 벌어지면서 자라는 높고 높은 허공에서 떨어지고 말았습니다.

(구잡비유경 39번째 이야기)

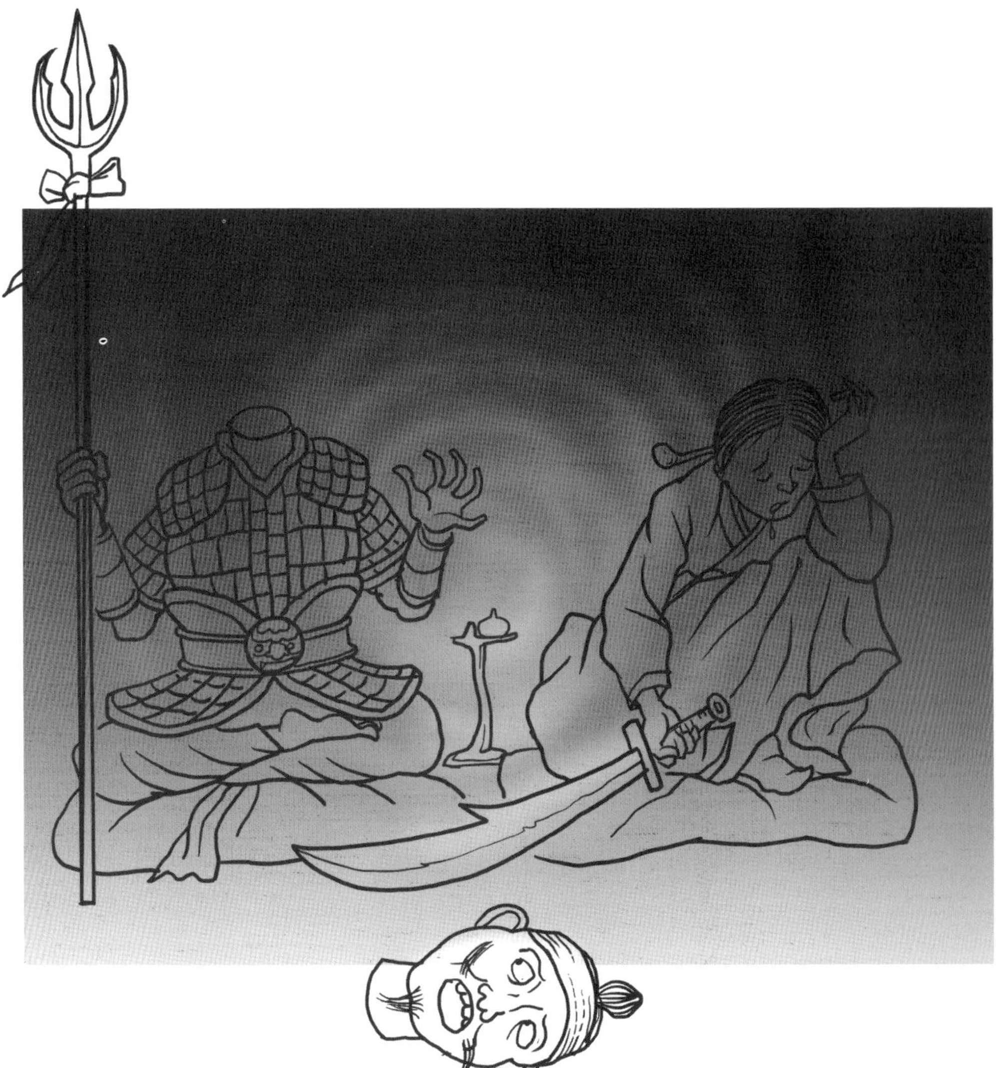

자기 칼에 목숨을 잃어

어느 나라 대신이 관상장이에게 가서 관상을 보였습니다.

"장차 흉기에 죽을 팔자입니다." 하는 관상장이의 말이었습니다.

"그렇다면 무기를 들고 지켜야겠군."

대신은 밤마다 칼을 빼어 들고 누가 자기를 해치러 오는가 지키고 있었습니다.

어느 날 밤중에 몹시 졸려서 아내에게 칼을 주어 대신 들게 했습니다. 그런데 아내도 칼을 들고 꾸벅꾸벅 졸았습니다. 그러다가 그만 칼을 떨어뜨려 남편의 목을 베고 말았습니다.

(구잡비유경 33번째 이야기)

장님의 코끼리 더듬기

임금님이 코끼리 한 마리를 세워놓고 마음대로 만질 수 있도록 장치를 해두었습니다. 그러고 장님을 모아 만져 보게 한 다음 코끼리가 어떻게 생겼느냐고 물었습니다.

코를 더듬어본 장님이 말했습니다.

"임금님, 코끼리란 굽은 수레의 끌채와 같군요."

코끼리의 어금니를 잡아 본 장님이 말했습니다.

"아닙니다. 코끼리란 절굿공이 같이 생겼습니다."

코끼리의 귀를 만져 본 장님이 말했습니다.

"아니야. 코끼리란 곡식을 까부르는 키처럼 생겼는걸."

코끼리 머리를 잡은 장님이 말했습니다.

"그게 무슨 소린가? 코끼리란 뒤집어 놓은 솥과 같네."

코끼리 등과 배를 더듬어 본 장님이 말했습니다.

"아닐세, 코끼리는 담벽처럼 생긴거야."

"아닐세, 코끼리란 나뭇기둥과 같은 거야."

코끼리의 뒷다리를 만져 본 장님의 말이었습니다.

그 때 코끼리 꼬리를 만져 본 장님이 말했습니다.

"대왕님, 이 사람들 말은 모두 틀렸습니다. 코끼리란 뱀처럼 생겼습니다."

(경명왕경)

***까부르다**

키 끝을 위아래로 흔들어 곡식의 티나 검불 따위를 날려 보냄

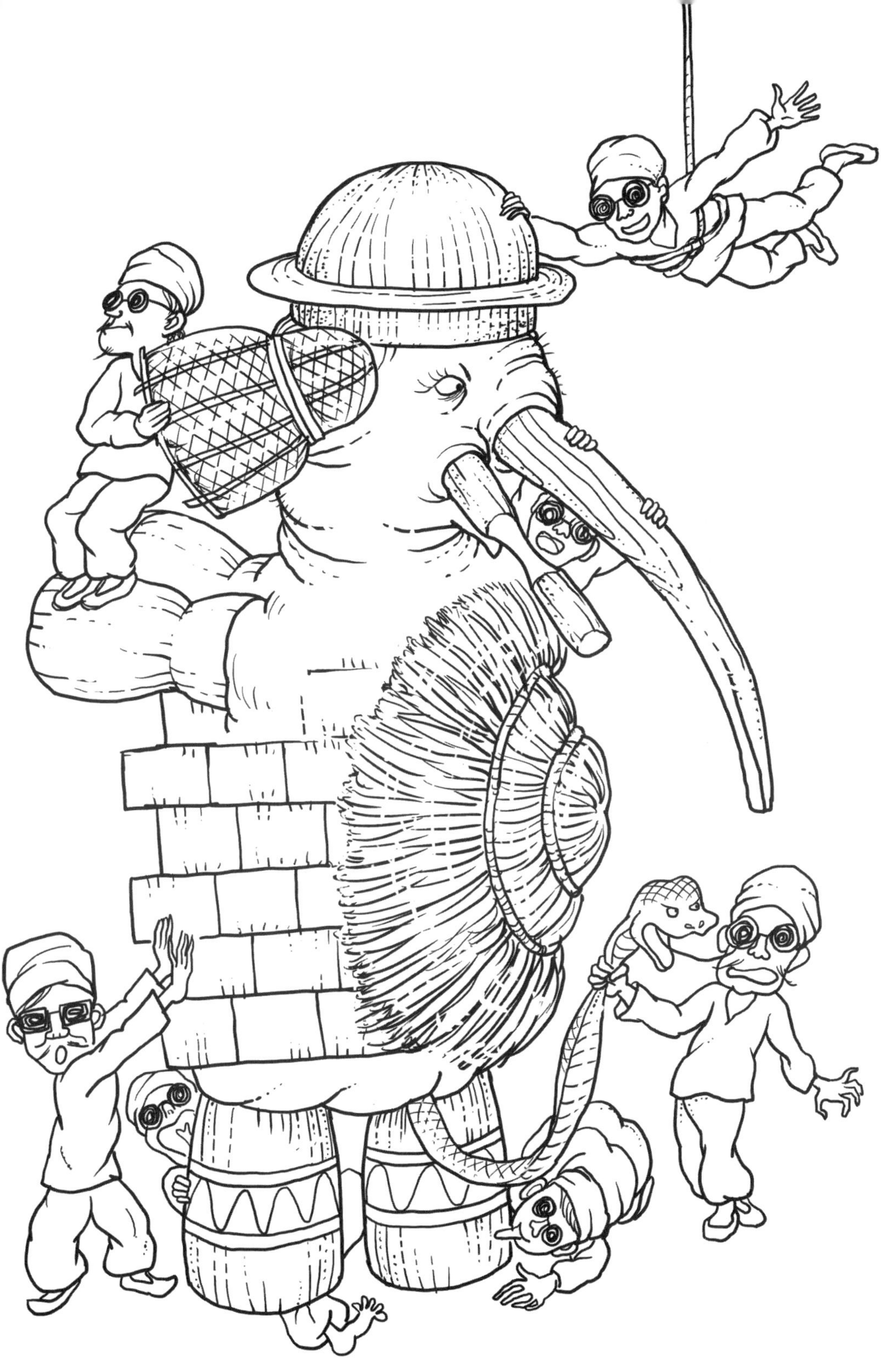

군마에게 연자방아를 돌리게 한다

어떤 임금이 이웃 나라가 침입할 것에 대비하여 좋은 군마를 많이 길렀습니다. 이웃 나라가 전쟁을 일으켜 쳐들어오다가 좋은 군마가 있음을 알고 물러갔습니다.

임금은 생각했습니다.

'군마는 이웃나라와의 싸움에 쓰는 말이다. 이제 적이 다 쫓겨가 흩어졌으니 무엇에 쓸까?'

임금은 군마를 백성들에게 나눠주어 연자방아를 돌리게 했습니다.

여러 해 뒤에 군마가 없어진 것을 안 적군이 다시 쳐들어 왔습니다. 다

급해진 임금은, 연자방아를 돌리던 말을 모아서 전쟁에 내세웠습니다.

그런데 이들 군마는, 연자방아를 돌리던 버릇이 남아 옆으로 뱅뱅 돌기만 하고 앞으로 나가려 하지 않았습니다.

(대장엄논경 85번째 이야기)

나무 속에 불이 있을까

불을 섬기는 배화교도 한 사람이 아이에게 불을 지키게 하고 볼일을 보러갔습니다.

"아가야, 이 불을 잘 지켜라. 불이 꺼지게 해서는 안 된다."

아버지가 이렇게 부탁을 했지만 아이는 노는 일에 정신이 팔려 불을 돌보지 않았습니다. 그러자 그만 불이 꺼지고 말았습니다.

'큰일 났다. 불을 살려야 한다. 불은 나무에서 나오는 것이니 나무를 쪼개면 얻을 수 있을 테지.'

아이는 나무를 쪼개었습니다. 그러나 불은 나오지 않았습니다. 더 잘 쪼개어 절구에 넣어 빻고 보아도 불은 나오지 않았습니다.

(폐숙경)

코끼리도 배운다

옛날 여안이라는 코끼리가 있었는데, 마음이 매우 순진했습니다.

어느 날 밤, 도적떼들이 코끼리 외양간 가까이에 앉아서 의논을 하고 있었습니다.

"이렇게 하면 하수도를 부술 수 있다. 이렇게 하면 문을 부술 수 있다. 하수도와 문을 부수면 그곳은 바로 큰길이다. 어떤 것이라도 훔쳐서 나를 수 있다. 약탈을 하려면 잔인하고, 포악해야 한다."

도적들은 며칠 밤이나 같은 장소에서 의논을 했습니다.

순진한 여인 코끼리는 이 말을 듣고 생각했습니다.

'그럼 나도 포악해져야겠군.'

이튿날 아침 코끼리는 자기를 돌보러 온 사육사 한 사람을 코로 말아

동댕이쳤습니다. 가까이 오는 몇 사람을 동댕이치고 말았습니다. 그러고 생각했습니다.

'이만하면 나도 포악해질 수 있군.'

그러자 이 광경을 본 사람들이 왕궁으로 달려갔습니다.

"대왕님, 여안 코끼리가 미쳐서 사람을 해칩니다!"

사람들 말을 들은 왕은 젊은 신하 한 사람을 시켜 코끼리를 조사하게 했습니다. 그런데 코끼리의 몸에는 아무 병도 없었습니다. 나쁜 것을 보고들어서 성질이 나빠진 것이었습니다. 젊은 신하는 왕의 허락을 받아 코끼리를 가르치기로 했습니다.

신하는 코끼리에게 좋은 이야기를 들려주었습니다.

"자비스런 마음을 가져야 한다. 남을 해쳐서는 안 된다……."

코끼리는 신하의 말을 알아듣고 생각하게 되었습니다.

'착한 코끼리가 되어야 한다.'

코끼리 여안은 가르침을 잘 지켰습니다.

(본생경 26번째 이야기)

죽음을 면할 곳은 없다

신통력을 가진 4형제가 있었습니다. 이들 4형제는 몸을 아주 부풀게 하여 손으로 해와 달을 어루만질 수 있었습니다. 산을 옮겨 놓을 수도 있고, 흐르는 강물을 멈추게 할 수도 있었습니다. 천지를 뒤엎을 수도 있었습니다.

그런데, 이들 4형제는 이레 뒤에 죽을 운명이었습니다.

맏이가 생각했습니다.

'나는 내 신통력으로 바닷물 속에 가서 숨을 것이다. 위쪽도 아래쪽도 아닌 한 중간에 숨어 있을 것이다. 제 아무리 죽음의 귀신이라도 내 숨은 곳을 알지는 못할 거야.'

둘째가 생각했습니다.

'나는 수미산을 뚫고 들어가 그 한복판에 숨을 것이다. 겉에서 보아

들어간 자국이 나지 않게 할 것이다. 제 아무리 죽음의 귀신이라도 나를 찾지는 못할 거야.'

셋째가 생각했습니다.

'나는 허공에 올라가 몸을 숨겨 자취를 없앨 것이다. 제 아무리 죽음의 귀신이라도 나를 찾지는 못할 것이다.'

넷째가 생각했습니다.

'나는 사람이 많이 모이는 시장 복판에 몸을 숨기리라. 제 아무리 죽음의 귀신이라도 복작거리는 시장 안에서는 나를 알아차리지 못할 거야.'

4형제는 왕에게 가서 이 사실을 말한 다음 자기가 숨고자 하는 곳에 몸을 숨겼습니다.

이레가 되던 날이었습니다. 시장지기가 와서 말했습니다.

"시장 복판에서 한 사람이 죽었습니다."

왕이 가서 보니 넷째였습니다.

그때 허공에 숨었던 셋째가 익은 열매가 떨어지듯 툭 하고 땅으로 떨어졌습니다. 둘째도, 맏이도 죽음을 면하지는 못했습니다.

(출요경 제12권)

***수미산**

우주의 한가운데에 솟아있다는 산.
우주가 이 산의 동서남북에
펼쳐져 있다고 한다.

귀를 즐겁게 한 것일 뿐

"내 귀를 즐겁게 해 다오. 세 시간만 음악을 연주해 주면 천 냥의 돈을 주겠다."

악질 왕이 광대 아이를 보고 말했습니다.

"그렇게나 많은 돈을요? 정말 주시는거죠?

"왕은 거짓말을 않는다."

'큰 수가 났구나.' 하고 광대 아이는 음악을 연주하기 시작했습니다.

세 시간이 되었습니다.

광대 아이는 음악 연주를 마치고 손을 내밀었습니다.

"대왕님, 이제 연주를 끝냈습니다. 천 냥을 주십시오."

악질 왕은

“아이야, 너는 그 음악으로 내 귀를 즐겁게 했지만 나도 네 귀를 즐겁게 하느라 그런 말을 한 것이다.”

크게 실망한 아이가 물었습니다.

“대왕님, 왕은 거짓말을 않는다고까지 하셨잖아요?”

악질 왕이 대꾸했습니다.

“그것도 너의 귀를 즐겁게 하느라고 한 말이었다.”

(백유경 52번째 이야기)

***광대**

지방을 돌아다니면서 노래, 춤, 인형극 등을 하며 구경시키는 사람.

배우의 옛스런 말

풍류잡이와 장자

악사가 몇 마지기 논밭을 가지고 있었습니다.

'밭을 갈아 씨를 뿌려야겠는데, 쟁기와 소가 있어야지. 저 건너 장자님댁에 가서 좀 빌려야겠다. 그런데 구두쇠 장자님이 잘 빌려 주실까?'

악사는 그렇게 생각하고 장자의 집에 가서 공손히 말했습니다.

"씨를 뿌려야겠는데 소와 쟁기를 좀 빌려주십시오."

장자는 손을 저으며 거절했습니다.

"그건 안되네, 안돼. 어림도 없지. 자네가 풍류잡이라니 내가 싫어할 때까지 연주를 해 주면 몰라도."

그러자 악사는 장자의 대문 앞에 가서 악기를 연주하기 시작했습니다.

"정말 악기를 가져왔군. 무얼 하겠다는 건가?"

장자가 물었습니다.

"장자님께 소를 좀 빌리려고 하는 것입니다."

"그럼 즐거운 소리로 내 굳은 마음을 녹이겠다는 건가? 내가 듣기 싫다고 할 때까지 일 년쯤 연주할 수 있겠는가?"

악기 연주는 밤낮 계속 되었습니다. 이틀이 지나자 구두쇠 장자는 악기 소리에 싫증을 냈습니다.

"이거 원, 견딜 수 없군."

사흘이 지나자 장자는 소리치고 말았습니다.

"그만, 그만하게. 쟁기도 소도 빌려주겠네."

(비구도략 잡비유경 4번째 이야기)

2

나귀는 나귀일 뿐

우리가 창피해

히말라야산에 사자왕이 무리를 거느리고 살았습니다. 사자 무리가 사는 곳은 은으로 된 굴이었습니다. 사자 굴 가까이에 승냥이 무리가 살았습니다. 승냥이의 굴은 흙으로 된 굴이었습니다. 사자들이 은 굴에서 나와 소리를 질렀습니다.

"어흥! 어흥!"

사자의 사납고 큰 소리에 히말라야 골짜기가 울렸습니다. 그러자 흙굴에서 나온 승냥이들이 소리를 질렀습니다.

"우리도 사자처럼 외쳐 보자!"

"망! 망! 망!"

승냥이의 외침은 강아지 소리 정도밖에 되지 않았습니다.

사자들이 승냥이 소리를 들었습니다.

"저따위 형편없는 짐승이 우리를 따라 소리치네. 저들과 같이 소리

내는 우리가 창피하다!”

사자들은 외치던 소리를 그치고 말았습니다.

(본생경 172번째 이야기)

본분이 다르다

“누구를 왕으로 삼을까?”

왕이 세상을 떠나자 뒤를 이을 왕자가 없어서 신하들이 걱정을 하게 되었습니다. 한 사람의 신하가 말했습니다.

“히말라야산에서 도를 닦는 수행자가 있습니다. 사실은 그 분이 왕자님입니다. 일곱살에 산에 들어갔으므로 백성들이 그 분을 잊고 있었지요.”

“그럼 그 수행자를 모셔다가 왕으로 삼읍시다. 백성들이 의지하게 될 것입니다.”

신하들이 의논하여 히말라야의 수행자를 왕으로 삼았습니다. 그러

나 산중에서 수행만 하던 왕자는 세상 물정을 전혀 알지 못했습니다. 요리사가 음식을 맛있게 지어 올리자 왕은, 말했습니다.

"음식 솜씨를 보니 자네가 나라의 군사를 맡으면 되겠군. 며칠 후 장군으로 임명하겠네."

재봉사가 옷을 잘 지어 가지고 오자 왕은, 말했습니다.

"옷을 잘 짓는 걸 보니 자네는 세금을 걷는 일도 잘하겠군. 며칠 후 재무대신으로 임명하겠네."

신하들이 이것을 보고, 여쭈었습니다.

"대왕님, 요리사는 요리에만 솜씨가 있고, 재봉사는 의복만 전문으로 만듭니다. 백성들도 제각기 맡은 일이 다르며, 신하들도 본분이 다릅니다."

"아, 그런가?"

왕은 자기가 했던 말을 취소했습니다.

(비구도략 잡비유경 19번째 이야기)

나귀는 나귀일 뿐

여러 마리의 소가 무리를 짓고 있었습니다. 무리를 지어 부드러운 풀을 뜯어먹고, 맑고 시원한 물을 마시는 것이었습니다. 나귀 한 마리가 이것을 바라보며 소를 부러워했습니다.

'나도 소가 되었으면......'

이렇게 생각한 나귀가 소의 무리에 뛰어들었습니다.

"나도 소다! 움무우 움무우!" 하고 소울음을 흉내내어 보았습니다.

그러나 "히히힝! 히히힝!" 나귀 소리가 날 뿐이었습니다.

나귀가 이상한 소리로 괴롭히자, 소들이 화를 내었습니다.

"웬 놈이, 우리 소 무리에 들어와서 이 야단이냐!"

소들은 나귀를 뿔로 들이받아 쫓아내었습니다.

(군우비경)

임금의 덕은 과일 맛에도 미친다

"나는 어진 정치를 하려고 애써 왔다. 내 덕이 백성에게 고루 미치고 있을까? 나에게 덕이 없는 왕이라 하는 백성은 없을지?"

백성이 자기를 어떻게 생각하는가, 알고 싶은 왕이 있었습니다.

왕은 백성의 옷으로 변장을 하고 전국을 돌아보기로 했습니다.

"이 나라 왕의 정치는 어떻습니까, 잘못은 없는지요?"

왕은 지나가는 사람들에게 물었습니다.

"어진 정치를 하는 분이지요. 대왕님의 덕이 백성에게 고루 미치고 있어요."

성내 사람이나 성밖 사람이나 똑같은 대답이었습니다.

변방으로 나가서 물어 보았습니다. 그들의 대답도 같은 말이었습니다.

왕은 히말라야산 골짜기로 들어가 수행자를 만났습니다.

"이 나라 왕이 바른 정치를 하는 것일까요?"

수행자는 말했습니다.

"왕의 덕은 백성들에게만 미치는 것이 아닙니다. 온갖 짐승과 나무에게도 미치지요. 과일의 단 맛에도 왕의 덕이 미쳐요. 부덕한 왕이 있을 때는 과일 맛이 달지 않지요."

수행자는 왕에게 암라 열매를 따서 나누어주며 맛을 보라고 했습니다.

"아, 열매가 달군. 이 나라 왕이 바른 정치를 하고 있네요."

(본생경 334번째 이야기)

대들보와 서까래

어리석은 왕이 있었습니다. 슬기로운 신하 한 사람이 왕을 깨우치려 애를 썼습니다.

어느 날 신하는 바깥에서 놀이를 마친 왕을 침실로 모시게 되었습니다.

"대왕님, 저기 대왕님 침실 가까이에 새로 궁전 하나를 더 짓고 있습니다. 그 밑으로 한번 지나가 보심이 어떨까요?"

"그렇게 하지요."

새로 짓는 궁전은 이제 서까래를 얹었을 뿐이었습니다.

왕은 그 밑으로 지나면서 위를 쳐다보았습니다.

"어, 대들보와 서까래, 기둥이 서로 튼튼히 의지하고 있군."

"그렇습니다, 대왕님. 서까래는 들보에 의지하고, 들보는 기둥에 의지하고, 기둥은 기둥을 받친 주추에 의지하고 있습니다.

"주추가 튼튼하고, 기둥이 튼튼하고, 들보가 튼튼하고, 서까래가 튼튼해서 서로 버티는 힘이 있어야 튼튼한 집이 되는 거로군."

"그렇습니다. 대왕님."

"나라도 저와같이 돼야겠군."

"그렇습니다. 대왕님. 임금과 백성, 백성과 백성 사이가 저처럼 되어야 합니다."

크게 깨달은 왕은 그 뒤부터 자신을 살피고 백성을 잘 이끌게 되었습니다.

(본생경 396번째 이야기)

욕심이 적은 용사

용감한 사람이 싸움터에 나갔습니다. 왕이 적군에 포위되었을 때 생명을 돌보지 않고 적진을 뚫었습니다.

용감한 사람은 전쟁을 승리로 이끈 1등 공신이 됐습니다.

전쟁이 끝난 다음 왕은 신하들과 여러 백성을 모아 놓고 이 용감한 사람에게 큰 상을 주기로 했습니다.

왕이 물었습니다.

"용사여! 그대는 용기로써 나라와 왕을 구했다. 나라와 왕의 은인이다. 크게 상을 베풀어야 한다. 그 상으로 소원 한 가지를 들어주마. 무엇을 원하는가?"

"..........."

용감한 사람은 말이 없었습니다.

"용사여, 무엇을 원하는가? 나라의 절반을 다스리는 버금왕을 원하는가? 아니면 재상의 지위를 주랴?"

"아닙니다. 그것은 원하지 않습니다. 대왕님."

용감한 사람이 말했습니다.

"용사여, 그럼. 장군을 원하는 것이로군. 100만 대군을 거느리는 장군이 된다면 용사에게는 제격이겠구나."

"아닙니다. 저는 장군을 원하지 않습니다."

"그럼, 오백 대의 수레와 오백 필의 말을 주랴?"

"아닙니다. 저는 그것을 원하지 않습니다."

"용사여, 그럼 무엇을 원하는가?"

"저는 대왕님의 이발사가 되고 싶습니다. 수염을 깎으실 때 가끔 저에게 들려 주십시오."

이 말을 듣고 둘러싼 신하들과 백성들이 수근거렸습니다.

"저런 바보 좀 보게. 버금왕이나 재상을 왜 마다고 할까?"

왕은 그의 대답이 너무도 뜻밖이어서 다시 물었습니다.

"용사여, 정말로 이발사를 원하는가? 그대는 나라와 왕을 구했는데 그 댓가로 정말 이발사를 원하는가? 그 용기에 비해 욕심이 너무 적구나."

용감한 사람이 말했습니다.

"마음에 드는 일은 재상보다 더 좋은 지위입니다. 그것이 오백 대 수레보다 더 많은 재산이라고 생각합니다."

"옳은 말이다. 그대는 이발사가 제격이다."

왕은 왕궁 안에 작은 이발소를 지어 용감한 1등 공신을 돕기로 했습니다.

(백유경 55번째 이야기)

***버금왕**

왕에 버금가는 왕. 부왕副王

조각가와 화가

조각을 잘하는 사람이 있었습니다. 나무로 예쁜 여인을 조각하여 예쁜 옷을 입혔습니다. 너무도 조각을 잘했으므로 걸어다니기도, 말을 하기도 했습니다. 조각가는 멋지게 속여 볼 생각으로 화가 친구를 불렀습니다.

"술이나 한 잔 하세."

조각가는 나무 여인을 시켜 술을 따르게 했습니다.

"예쁘지? 자네가 아직 결혼을 안 했으니 결혼 상대자로 어떤가? 같이 이야기나 해 보게."

조각가는 이렇게 말을 하고 밖으로 나와버렸습니다. 화가는 곧, 그 여인이 깎은 나무 토막이라는 걸 알았습니다.

"나를 속였지. 나도 멋지게 속일 거야."

화가 난 화가는 대들보 끝에 이어진 벽에 그림을 그렸습니다. 자기가 대들보에 목을 매어 늘어진 그림을 그렸습니다. 너무도 잘 그렸으므로 실물과 똑같았습니다.

'이 사람이 내 장난에 속아 넘어갔을 테지?' 하고 조각가가 문을 열고 들어가 보았습니다. 친구가 목을 매어 자살을 한 것이었습니다.

"아이고! 이 사람아. 장난 삼아 한 일인데 죽기까지 하다니. 내가 큰 실수를 했구나!"

조각가는 소리내어 울었습니다.

(잡비유경 8번째 이야기)

깨뜨린 요술 병

어떤 사람이 천신에게 소원을 빌었습니다.

천신이 나타나서 물었습니다.

"그대는 무엇을 구하는가?"

"원하는 것이면 무엇이나 솟아나는 요술 병을 갖고 싶습니다."

천신은 그에게 병 한 개를 주었습니다. 원하는 요술 병이었습니다.

이리하여 그는 좋은 집과 코끼리와 말, 수레와 칠보를 지니고 살게 되었습니다.

어느 날, 그를 찾아 온 친구가 물었습니다.

"어째서 그렇게 부자가 되었는가?"

"나는 요술 병을 갖고 있네. 이 병이 원하는 걸 모두 내어놓지. 실험을 해 보여줄까?"

그는 중얼중얼 원하는 걸 말한 다음, 요술 병에서 몇가지 물건을 꺼내 보였습니다. 그러고 그 요술 병을 들고 덩실덩실 춤을 추었습니다. 그러다가 그만 병을 떨어뜨리고 말았습니다.

"펑!" 하고 병이 깨어지는 순간 병에서 얻었던 모든 것이 같이 사라져 버렸습니다.

(중경찬 잡비유경 4번째 이야기)

I will be h

좋은 소문, 헛되게 할 수 없어

어느 장자가 부처님의 설법을 들으려고 기원정사로 갔습니다.

그가 떠난 다음 귀가 어두운 장모가 딸을 보려고 장자의 집에 왔습니다.

"애야, 사위는 어디 갔니? 너와는 화합이 잘 되느냐?"

친정어머니가 물었습니다.

"어머님, 그것이 무슨 말씀이십니까? 아범처럼 덕을 갖춘 사람은 출가한 사람 중에서도 찾아보기 힘듭니다."

"뭐, 출가를 했다고? 사위가 출가를 했단 말이지?"

귀가 어두운 친정어머니는 딸이 하는 말을 잘못 듣고 떠들었습니다.

그러자 집안의 자녀들이 덩달아 이야기하게 되었습니다.

"우리 아버지가 출가하셨대."

"아버지가 출가하셨어?"

집안에서 일보던 하인들도 말을 주고받았습니다.

"우리 장자님이 출가를 하셨단다."

"정말?"

소문은 금방 마을에 퍼졌습니다.

그 때, 장자는 부처님의 설법을 듣고 정사를 나와 성안으로 들어가려 했습니다. 성문 밖에서 친구를 만났습니다.

"아니? 출가를 했다는 사람이 왜 이러고 있나?"

"출가를 하다니?"

"자네가 출가했다고 성안에 소문이 쫙 퍼졌네."

장자는 생각했습니다.

'출가하지 않은 나를 모두 출가했다고 한다. 나는 이 좋은 평판을 헛되게 할 수 없다. 출가를 하자!'

그는 부처님께 되돌아가 출가를 했습니다.

출가한 그는 곧 아라한의 지위에 이르렀습니다.

(본생경 171번째 이야기)

***아라한**

부처에 이르는 과정의 윗자리.

나한의 준말

사랑의 매

바라나시의 왕자가 탁실라에 가서 공부하고 있었습니다.

어느 날 왕자는, 밖에 나갔다가 할머니가 참깨를 널어놓고 지키는 것을 보았습니다.

왕자는 참깨 한 줌을 집어먹었습니다. 할머니는 아무 말 하지 않고 생각했습니다.

'매우 배가 고픈가 봐.'

왕자는 그 이튿날 참깨 한줌을 또 집어먹었습니다. 그래도 할머니는 못 본 척하고 두었습니다.

사흘째 다시 와서 깨를 집어먹자 할머니는 소리를 치고 말았습니다.

스승이 이를 알고 물었습니다.

"할머니, 어떻게 된 일입니까?"

"저 학생이 참깨를 훔쳐먹었습니다. 어제도 한 줌, 그저께도 한 줌을 훔쳐 갔어요."

할머니는 두 손을 들고 부르르 떨었습니다.

"할머니, 그럼 돈을 치러 드리지요."

"내게는 돈이 필요 없습니다. 그 학생이 다시는 그런 짓을 하지 않도록만 일러주십시오."

스승은 왕자를 불러 매를 세 찰 때린 후 일렀습니다.

"다시는 그런 짓을 하면 안 된다."

왕자는 제 잘못을 뉘우치기는 커녕, 핏발선 눈으로 스승의 발끝을 노려보며 이를 악물었습니다.

'왕자를 때리다니, 내 나라로 돌아가서 왕위에 오르면 당장 원수를

1
2
3

갚으리라.'

공부를 마친 왕자가 고국 바라나시로 돌아갔습니다. 그러자, 왕은 왕자에게 왕위를 물려주며 말했습니다.

"유학까지 마쳤으니 내 아들은 왕의 자격이 있다. 나는 나이가 많으니 물러나서 편히 쉬어야지."

왕이 된 왕자는 스승을 바라나시로 초청했습니다. 그러나 스승은 가지 않았습니다.

'저 왕은 나에게 원한이 있다. 아직 젊었으니 달랠 수도 없다.'

스승은 오랜 세월이 지나, 왕이 중년이 되었을 때 그를 찾아갔습니다.

왕은 옛날 일을 생각하니 화가 치밀었습니다. 그는 스승 앞에 신하들을 불러 놓고, 이렇게 말했습니다.

"나는 아직도 탁실라에서 매 맞은 곳이 아프다!"

스승은 왕에게 타일렀습니다.

"대왕님, 그런 일로 스승에게 원한을 품는 것이 아닙니다. 만일 내가 당신을 그렇게 가르치지 않았더라면 깨를 훔치다가 과자를 훔쳤을 것입니다. 과자를 훔치다가 사탕을 훔치게 되었을 것입니다. 다시 여러 가지 과일을 훔치게 되었을 것입니다. 그러다가 아주 도둑이 되고 말았을 것입니다. 그러다가 탁실라의 왕에게 끌려갔을 것이며, 벌을 받았을 것입니다. 도둑이라는 이름을 가지고는 바라나시의 왕위에 오르지 못했을 것입니다."

왕을 모시고 있는 대신들이 이 말을 듣고 여쭈었습니다.

"대왕님, 참으로 저 선생님 말씀이 옳습니다. 이 왕권은 선생님 덕분에 얻게 된 것입니다."

그제야 왕은 자기의 잘못을 알고 스승의 은혜를 깨달았습니다.

왕은 탁실라로 사자를 보내어 스승의 가족을 데려왔습니다.

스승에게 벼슬을 주고 부모와 같이 받들었습니다.

(본생경 252번째 이야기)

***탁실라**

고대 인도의 학문 중심지.

현대의 파키스탄에 있음

3

부러워하는 것만으로론 안 돼

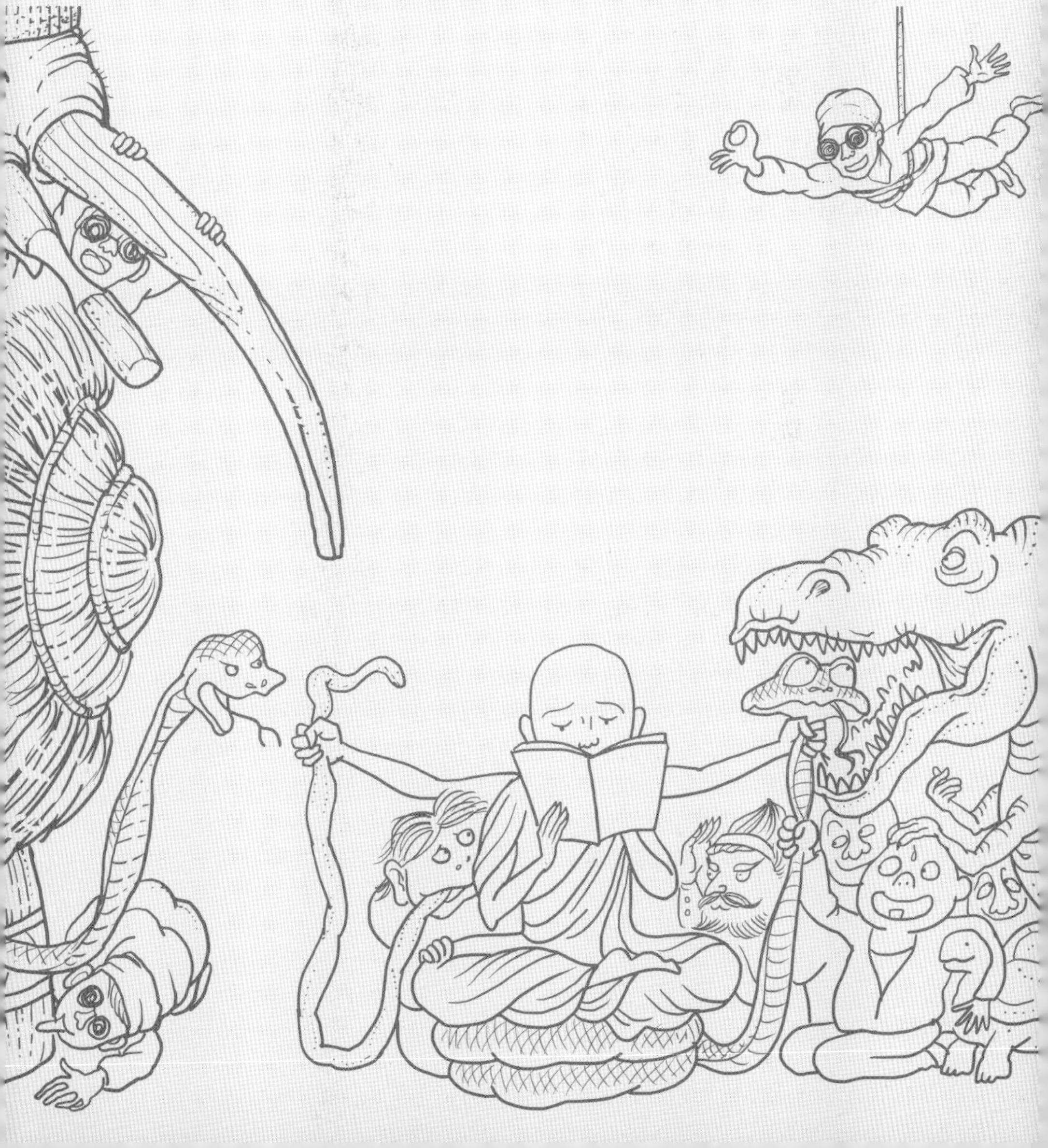

잠꾸러기 수행자

지혜의 수행자와 잠꾸러기 수행자가 같이 도를 닦았습니다.

지혜의 수행자는 먼저 도를 깨쳐 신통력을 얻었습니다.

잠꾸러기 수행자는 숲에서 도를 닦았으나 잠을 이기지 못했습니다. 연꽃이 핀 연못가로 자리를 옮겨 앉아서도 졸기만 했습니다.

"저 스님이 저러다가는 도를 이루지 못하겠는걸. 내가 도를 이루도록 하리라."

도를 깨친 지혜의 수행자는 신통력으로 벌의 왕이 되었습니다. 벌 무리를 거느리고 가서 잠꾸러기 수행자의 주위를 빙빙 돌아다녔습니다.

"잠꾸러기야. 쏘아버리겠다!"

벌떼가 달려들자 잠꾸러기 수행자는 잠이 깨었습니다. 그러나 잠시 후, 다시 꼬박꼬박 졸았습니다.

이번에는 벌떼들이 눈을 쏘아버리겠다며 달려들었습니다. 잠꾸러기는 깜짝 잠이 깨었습니다. 그러다가 또 꼬박꼬박 졸았습니다.

이번에는 벌떼들이 겨드랑이 밑으로 날아들어 가슴과 배를 쏘았습니다.

"아이 따가! 아이 따가!"

잠꾸러기는 잠이 번쩍 깨어 다시는 졸지 않게 되었습니다.

연못에 흰 연꽃, 붉은 연꽃, 푸른 연꽃이 피어 있었습니다.

벌의 왕과 벌레떼들이 꽃봉오리 속에 들어가서 감로수 같은 단꿀을 빨았습니다.

잠에서 깬 잠꾸러기 수행자는 벌을 들여다보며 생각했습니다.

'벌의 근본은 무엇일까?'

이번에는 벌의 왕이 꿀을 빨다가 조는 척했습니다. 졸고 있던 벌의 왕이 진흙탕에 떨어져보였습니다.

잠꾸러기가 허허 웃으며 벌의 왕을 보고 말했습니다.

"어리석은 벌아. 너는 감로 같은 꿀맛에 너무 빠지고 있다. 꽃속에서 꿀을 빨면서 단맛에 정신을 잃고 보면 꽃잎이 오무러든다. 그러면 이튿날 해가 돌아 꽃잎이 벌어질 때까지 갇혀 있어야 해. 너는 또 꿀맛에 취해서 꼬박꼬박 졸다가 진흙탕에 떨어져 몸을 더럽히기도 하는구나."

벌의 왕은 이때다, 하고 잠꾸러기 수행자를 가르쳤습니다.

"스님을 되돌아보세요. 왱!"

그 말에 잠꾸러기는 도를 깨쳤습니다.

(육도집경 정진도무극장 밀봉왕경)

같은 몸에 붙은 스승의 다리

스승이 오른쪽에 앉은 제자와 왼쪽에 앉은 제자에게 다른 학문을 가르쳤습니다. 두 제자는 서로 자기 학문이 제일이라고 내세우다가 사이가 나빠졌습니다.

어느 날, 스승은 사이 나쁜 두 제자를 내실로 불렀습니다.

"너희 두 사람은 번갈아가면서 가끔 와서 내 다리를 주물러라. 너는 내 오른쪽에 앉으니 오른쪽 다리를 주물러라. 그러고 너는 왼쪽……."

오른쪽이 들어와서 오른쪽 다리를 주무르고 나가면, 왼쪽이 와서 왼쪽다리를 주물렀습니다.

오른쪽이 와서 다리를 주무르던 어느 날 스승은 일부러, 큰소리로 말했습니다.

"어이 시원하다! 네가 아주 잘 주무르는구나. 어, 시원해."

그러자 다음에 왼쪽이 들어와서 불평을 했습니다.

"선생님, 제가 미워하는 오른쪽이 와서 주무를 때 왜 그처럼 칭찬을 하십니까? 심히 불쾌했습니다."

"왜 그럴까?"

스승은 웃으면서 물었습니다.

"선생님, 오른쪽은 죽여 주고 싶을만큼 밉습니다. 그가 주무르는 선생님의 오른쪽 다리도 아주 밉습니다. 이 다리를 좀 때려 주겠습니다."

왼쪽은 몽둥이로 스승의 다리를 때렸습니다.

스승은 크게 신음소리를 내었습니다.

"아이구, 아야! 아야! 아이구!"

왼쪽이 나간 뒤, 곧 오른쪽이 달려왔습니다.

"저는 저쪽에서 선생님의 신음 소리를 들었습니다. 왼쪽이 와서 선생님의 오른쪽 다리를 때리고 간 것 같습니다. 분을 참지 못하겠어요. 보복을 해야겠습니다."

오른쪽은 몽둥이를 들고 스승의 왼쪽 다리를 마구 두들겨 주었습니다.

스승은 또, 신음소리를 내었습니다.

"아이고 아야. 아이고 아이고!"

오른쪽이 나간 다음 스승은 두 제자를 다시 불러 앉혔습니다. 서로 노려보고 있는 두 제자에게 상처가 난 다리를 내보이며 물었습니다.

"왼쪽아, 이 오른쪽 다리는 어디에 붙은 것이냐?"

왼쪽이 대답했습니다.

"그것은 선생님의 몸에 붙은 것입니다."

스승은 또 오른쪽에게 물었습니다.

"오른쪽아, 내 왼쪽 다리는 어디서 붙은 것이냐?"

"그것도 선생님의 몸에 붙은 것입니다."

"그렇다. 오른쪽 다리, 왼쪽 다리가 모두 스승의 몸에 붙은 것이다. 어떻게 두 다리를 놓고 서로 미워할 수 있니?"

스승은 말을 이었습니다.

"어떻게 한 스승의 가르침을 놓고 내가 옳고 너는 틀렸다고 할 수 있을까?"

(백유경 53번째 이야기)

부러워하는 것만으론 안 돼

부잣집 담밖에 가난한 젊은이가 살았습니다.

"우리는 언제쯤 저처럼 부자가 되나?"

젊은이가 부잣집을 바라보며 아침 저녁으로 하는 말이었습니다.

아무리 생각해도 저처럼 부자가 될 것 같지 않았습니다.

그때, 스님 한 분이 지나가면서 가르쳐주었습니다.

"젊은이여, 남을 부러워한다 해서 이루어지지 않네. 노력을 하게. 충분한 시간이 있네. 저 부자보다 더 큰 부자도 될 수 있지."

"그래요? 정말 이루어질까요?"

"이루어지고말고."

그날부터 젊은이는 일을 시작했습니다.

(백유경 91번째 이야기)

SM JYP
BTS

마음 속의 독사

게으름뱅이 도사가 산중에 들어가서 도를 닦기로 마음먹었습니다. 산에는 독사가 많았습니다.

"독사에 물리면 큰일 난다. 어떻게 한담."

그는 높은 나뭇가지에 막대기를 걸쳐 자리를 만들었습니다.

"이만하면 독사로부터 안심이다."

게으름뱅이는 그 위에 요를 펴고 앉아 참선을 했습니다.

그러나 게으름뱅이는 잠을 이겨내지 못했습니다. 참선을 한다는 게, 앉아서 꼬박꼬박 졸기만 했습니다.

하늘사람들이 이 광경을 하늘에서 내려다보았습니다.

"저 게으름뱅이 도사 좀 봐. 참선을 한다는 게 졸고만 있어."

"그럴 줄 알았지. 게으름뱅이가 도를 닦을 수 있을까 했어."

어느 날 밤, 하늘사람들은 게으름뱅이 도사의 잠을 깨워 주기로 했습니다.

하늘사람들은 일제히 웃음소리를 내었습니다.

"하하 하하하하……."

웃음소리가 산천을 울렸습니다. 그러나 게으름뱅이 도사는 깨어나지 않았습니다.

하늘사람들은 다시 외쳤습니다.

"독사가 몰려온다. 독사야! 독사가 기어오르고 있다!"

그제야 게으름뱅이 도사는 눈을 떴습니다.

"아니, 독사라구?"

게으름뱅이 도사는 질겁을 하며 잠결에 일어나 횃불을 켜들었습니다. 졸고 있던 자리를 살피고, 나무 아래를 살폈습니다. 그러나 독사는 아무 데도 없었습니다.

'하늘사람들이 거짓말을 했군.'

게으름뱅이 도사는 다시 앉아 졸기 시작했습니다.

하늘사람들이 말했습니다.

"게으름뱅이야. 너는 눈에 보이는 독사만 아는구나. 마음 속에 독사가 있다!"

그 말에 게으름뱅이 도사는 크게 깨달았습니다.

그러고 마음을 관찰하여 마음 속의 독사를 항복 받으려고 애썼습니다.

잠이 오지 않았습니다.

게으름뱅이 도사는 그날 새벽이 되기 전에 도를 깨쳐 아라한이 되었습니다.

(후한록 잡비유경 상권 4번째 이야기)

황금과 그림자

아버지와 아들이 살았습니다.

아들이 나무를 하러 갔습니다. 마른 나뭇가지를 꺾다가 둘러보니 바로 곁에 샘이 있었습니다.

샘의 물 속에 누런 금이 그득 있었습니다.

"어? 이건 황금 아닌가! 이걸 파내 가지면 당장 부자가 된다."

아들은 나무하던 것을 던져 두고 집으로 달려갔습니다.

"아버지. 이제 걱정할 것 없게 되었습니다."

"얘가 무엇을 보고 그러느냐?"

"저에게 재산 물려 줄 걱정이 없게 되셨어요. 짐수레 한 대, 쌀 두 섬, 호미 한 자루만 주십시오. 곡괭이와 삽이 필요해요. 다른 것을 바라지 않았습니다."

"도무지 무슨 뜻인지 모르겠다."

아버지는 영문을 모르면서 아들이 달라는 것을 모두 구해 주었습니다.

아들은 수레에 양식을 싣고 가서 우물 곁에 천막을 쳤습니다.

"황금이 나온다! 황금이 나와!"

혼자 떠들면서 우물을 파헤쳤습니다. 쌀 두 섬을 다 먹을 때까지 우물밑을 팠으나 황금은 나오지 않았습니다.

아들은 실망을 하고 집으로 돌아왔습니다. 아들은 아버지에게 황금의 샘 이야기를 했습니다.

"그럼, 나와 같이 가 보자."

이번에는 아버지가 이들을 이끌었습니다. 황금의 샘가에 왔습니다.

"네가 그림자를 보고 그랬구나."

아버지는 샘을 보지 않고 산꼭대기를 바라보았습니다. 산꼭대기가 온통 금이었습니다.

"보아라! 황금은 저기 있다."

아버지가 산꼭대기를 가리켰습니다.

(중경찬 잡비유경 42번째 이야기)

친구를 많이 사귀어라

사위성에 우결이라는 총각이 있었는데 가난하고 보잘것없는 집안에서 자란 사람이었습니다.

그는 중매장이를 보내어 어느 지체 있는 집 처녀에게 청혼을 했습니다.

처녀는 물었습니다.

"그 남자는 친한 벗이 몇이나 되나요?"

중매장이가 대답했습니다.

"사귄 친구는 별로 없는 것으로 압니다."

그러자 처녀는 거절했습니다.

"나와 결혼하려거든 우선 친구를 사귀라고 하셔요."

우결은 그 처녀와 결혼하고 싶은 욕망 때문에 친구를 사귀게 되었습니다. 먼저 네 개의 성문을 지키는 문지기에게 가서 말했습니다.

"우리 서로 친구가 됩시다."

네 사람 문지기를 친구로 삼았습니다.

다음에는 포졸, 그 다음에는 달력을 맡아보는 역관을 사귀었습니다.

대궐을 출입하는 낮은 벼슬의 관리를 사귀고, 차츰 대신들과 장군을 친구로 삼게 되었습니다. 다음에는 버금왕을 알게 되고 왕을 알게 되었습니다.

기원정사로 가서 80인의 큰스님을 뵈었는데, 특히 아란존자와 친하게 되었습니다. 이렇게 하여 부처님을 뵈옵게 되고, 부처님 옆자리에도 앉게 되었습니다.

"우결은 친구가 많은 사람이다." 하고, 많은 사람에

게 알려지자 왕은 그에게 큰 집을 지어 주었습니다.

처녀는 우결이 많은 친구를 사귄 것을 알고,

'이제 이 사람은 큰 일을 할 수 있을 것이다.' 하고 청혼에 응했습니다. 결혼식에는 많은 선물이 들어왔습니다.

아내가 된 처녀는 왕이 보낸 선물을 버금왕에게 주고, 버금왕이 보낸 선물은 장군에게 주었습니다. 장군이 보낸 선물은 부하에게 나누어 주었습니다. 그러자 모두 기뻐했습니다.

(본생경 486번째 이야기)

도둑숲에서 자라면 도둑이 된다

어느 숲 속에 아기 앵무새 형제가 태어났습니다. 삿티군바와 품파카였습니다.

아기 앵무새가 털갈이를 할 때쯤이었습니다. 난데없는 회오리바람이 숲을 뒤흔들었습니다. 아기 앵무새 형제가 회오리바람에 휘말렸습니다.

"어머니, 날 살려요!"

"에그, 어머니, 살려 줘요!"

삿티쿤바는 도둑 숲에 있는 도둑 마을에 떨어졌습니다.

품파카는 도인의 숲, 도인의 마을에 떨어졌습니다.

도둑 마을에 떨어진 삿티군바는 도둑만 보고 자라, 도둑 같은 새가 되었습니다.

도인의 마을에 떨어진 품파카는 도인을 본받아서 도인 같은 새가 되었습니다.

어느 날 나라의 임금님이 사냥을 하러 와서 숲에서 쉬고 있었습니다.

도둑 마을 앵무새 삿티군바는 소리쳤습니다.

“왕이 사냥을 왔다. 저 왕의 보배 귀고리를 빼앗아라. 보배 관을 빼앗아라! 활과 칼을 들어라!”

‘여기는 도둑 마을이로군.’

왕은 몸을 피해 아래 숲으로 갔습니다. 도인의 숲 앵무새 품파카가 임금님을 맞이하며 친절히 말했습니다.

“대왕님, 잘 오셨어요. 잡수실 과일은 무엇이나 말씀하셔요. 시원한 물도 있어요.”

왕은 생각했습니다.

‘여기는 도인의 마을이다. 앵무새의 모습은 도둑마을 것과 매우 닮아 있는데, 성격은 반대로군.’

(본생경 503번째 이야기)

기쁨의 경단

나쁜 아내를 둔 신하가 이웃나라에 사신으로 가게 되었습니다. 떠나는 날 아침이었습니다. 아내는 독약을 섞어 만든 경단 500개를 자루에 넣어 들려주면서 말했습니다.

"기쁨의 경단이어요. 가시다가 시장하실 때 잡수세요. 부디 조심해서 잘 다녀오세요."

나쁜 아내는 남편을 죽이려고 독약이 든 경단을 준 것이었습니다. 마음 착한 신하는 그것을 고맙다며 받아들고 먼 길을 떠났습니다.

국경지대에 이르렀습니다. 여기에는 사람이 살지 않고 맹수가 많았습니다. 도적떼가 몰려 다니는 곳이기도 합니다.

"조심해야지. 땅에 누워 자는 것은 위험해."

날이 저물자 신하는 나무에 올라가서 밤을 지내기로 했습니다. 기쁨의 경단이 든 자루는 나무 밑에 두고 올라갔습니다.

그때, 500명 마적떼가 몰려오고 있었습니다. 말을 탄 도적들이었습니다.

"오늘 밤은 이 나무 밑에서 쉬고 가자. 이제 왕의 군사는 추격을 포기했을거다."

"빼앗은 보물은 여기 쌓아 두어라."

마적떼들은 두목의 명령에 따라 나무 밑에 잠자리를 정한 다음 이야기를 나누었습니다. 내일은 무엇을 약탈할까 의논하는 것이었습니다. 그때 한 도적이 나무 밑에 둔 기쁨의 경단을 발견했습니다.

"여기 맛있는 떡이 있다. 누가 떨어뜨리고 갔나보다. 이것을 나누어 먹자."

"정말이구나. 시장하던 참에 잘 됐다."

"한 사람에 하나씩이다. 꼭 500개가 들었어."

마적들이 경단을 나누었습니다. 500개 경단을 나누어 먹고 난 뒤 얼마 있다가 마적들은 배를 움켜쥐고 뒹굴기 시작했습니다.

"아이고 못 견디겠다. 그 음식에 독약이 들었던가봐."

"아이구아이구! 우리는 다 죽는다!"

얼마 동안 신음소리를 내더니 사방은 조용했습니다. 500명 마적이 기쁨의 경단을 먹고 모조리 죽은 것입니다. 날이 새었습니다. 신하는 나무에서 내려와 마적이 쌓아놓은 보물을 모두 거두어 말 위에 실었습니다. 마적들이 가지고 있던 무기들도 말 위에 실었습니다. 신하는 마적들이 타고 다니던 말을 몰고 국경을 지나가고 있었습니다.

"거 누구요?"

그때, 저쪽 편 나라 군사가 다가오며 소리쳤습니다. 왕이 군사의 앞장을 서서 달려오고 있었습니다.

"대왕님의 나라에 사신으로 가는 사람이어요. 500명 도적떼를 전멸시키고 보물과 말을 빼앗았습니다."

"우리 나라 군사가 지금 그 도적떼를 뒤쫓던 길인데, 이거 잘 되었소. 훌륭한 장군이시군!"

"대왕님, 이 전리품을 모두 대왕님께 드립니다. 받아 주십시오."

"너무도 고마운 일이오."

이리하여 사신으로 간 신하는 이웃나라에서 장군이라 불리며, 영웅 대접을 받게 되었습니다. 사신으로 할일도 잘 마쳤습니다.

"이제 우리 나라로 돌아가겠습니다."

신하가 돌아가려 하자 왕이 말했습니다.

"우리 나라에 머물러 주시오. 저쪽 대왕님께 전할 일은 우리쪽 신하를 시켜도 돼요. 장군은 여기에서 재상을 맡아 주십시오."

할수없이 신하는 이웃나라의 재상이 되었습니다. 그러나 재상 밑에 있는 신하들이 그를 시기했습니다.

"저 사람은 이웃나라에서 사신으로 와 가지고 떠나지 않는다. 제일 높은 자리에 앉아 우리를 지배하고 있다. 저 사람을 밀어내야 한다."

그때 마침 기회가 왔습니다. 광야에 큰 사자가 나타난 것입니다. 사자가 사람을 해치자 도성으로 이어지는 길이 끊겨 버렸습니다. 신하들이 왕에게 재상이 사자를 잡게 하도록 권했습니다.

"저 사자는 많은 군사로도 잡을 수 없습니다. 재상이 앞장서면 잡을 수 있을 것입니다."

재상을 위험에 빠뜨려 죽게 하려는 것이었습니다.

그러나 왕은 재상을 믿고 명령을 내렸습니다.

"그야 걱정이 없지. 우리 재상은 500명 도적을 혼자서 대적하고도 상처 하나 입지 않은 영웅이오. 재상 혼자 나가서 그 사자를 잡아 오시오."

그러나 재상은 마누라가 먹고 죽으라고 준 기쁨의 경단 덕택에 500명 마적을 죽이고 전리품을 얻었을 뿐이었습니다. 실제 칼 한번 들어보거나 활 한번 쏘아 본 일이 없는 사람이었습니다.

'야단 났구나.'

걱정은 되었지만 영웅이라는 호칭을 더럽힐 수는 없었습니다. 칼 하나를 들고 광야로 가서 사자를 살폈습니다.

'저 날쌔고 사나운 사자를 어떻게 잡는담.'

사자는 벌써 알고 재상을 겨누어 쏜살같이 달려오고 있었습니다.

"어이크 사자가 온다!"

피할 사이가 없었습니다. 엉겁결에 그는 칼을 든 채 옆에 있는 나무 위로 올라가 몸을 피하려 했습니다. 사자가 달려와서 나무를 쳐다보았습니다.

'먹음직한 밥이 나무 위로 달아났군. 어떻게 하면 저것을 잡아먹을까?'

사자는 나무 밑에 서서 쳐다보고 있었습니다. 그때 허우적거리며 나무로 올라가던 재상이 그만 쥐고있던 칼을 떨어뜨리고 말았습니다.

"아니 칼까지……"

그런데 칼은 떨어지면서 용하게 사자의 골수에 꽂혔습니다. 사자는 그 자리에서 죽고 말았습니다. 무서운 사자를 한칼에 죽여버린 재상은 이제 지위가 흔들리지 않게 되었습니다. 그는 본국에서 아내를 데리고 와 같이 지내게 되었습니다.

"아, 그 기쁨의 경단은 과연 기쁜 음식이었어. 그것으로 500명 도적을 한꺼번에 처단했지, 뭔가."

"그래요?"

정말 다행이었습니다. 아내는 크게 뉘우치고 착한 사람이 되었습니다.

(백유경 65번째 이야기)

탐욕의 심부름꾼

"심부름 왔다!" 하고 소리치면 그 사람에게는 손을 대지 않는 나라가 있었습니다.

이 나라 왕이 좋은 음식을 차려 놓고 식당에서 식사를 하고 있었습니다.

어떤 사내가 왕을 쳐다보며 생각했습니다.

'저 음식을 좀 빼앗아 먹어야지.'

그는 한 가지 꾀를 내어 왕의 식탁 가까이로 가면서 외쳤습니다.

"대왕님, 저는 심부름 왔습니다."

이 나라 법에, 심부름 왔다고 하는 사람에게는 손을 대지 못하도록 되어 있다는걸 잘 아는 사람이었습니다. 왕과 같이 식사를 하던 사람들이 일어서서 길을 틔워 주었습니다. 그는 얼른 왕의 식탁에서 음식

한 덩이를 집어 입에 넣었습니다. 왕을 호위하던 칼잡이가 이 무례한 행동을 보고 사나이를 베려고 칼을 뽑았습니다.

그러자 왕은, "칼을 거두어라." 하고 그 사나이에게 마음놓고 음식을 먹게 했습니다.

그는 손을 씻더니, 비싼 요리를 모조리 먹어 치웠습니다.

왕은 식사를 끝낸 사나이에게 음료를 권하면서 물어보았습니다.

"그대는 지금 심부름을 왔다 하였다. 누구의 심부름꾼인가?"

사나이는 말했습니다.

"저는 탐욕의 심부름꾼입니다."

사나이의 이 말에 왕은 고개를 끄덕이며 말했습니다.

"그래, 과연 탐욕의 심부름꾼이로군."

(본생경 260번째 이야기)

누구나 다 알지만 잘 안읽은 이야기

팔만대장경 ❹

펴낸 곳 | 도서출판 솔바람

펴낸이 | 이동출

기획한이 | 형난옥

엮은이 | 신현득

그림그린이 | 송교성

편집 | 김용란

디자인 | 김용아

초판 1쇄 인쇄 | 2019년 11월 1일

초판 1쇄 발행 | 2019년 11월 5일

등록일 | 제5-191호 1989.07.04

주소 | 서울시 종로구 삼봉로 81 두산위브 파빌리온 1231호

전화 | 02- 720- 0824 팩스 | 02- 391- 1598

ISBN 978-89-85760-97-3 74220
ISBN 978-89-85760-90-4 74220 (세트)